NEWSLETTERS
CÓMO TRANSFORMAR TU NEGOCIO CON UNA SIMPLE HERRAMIENTA (QUE FUNCIONA)

DAVID HIEATT

Para la loca de Mave (mi madre)

© Ediciones Kōan, s.l., 2024
c/ Mar Tirrena, 5, 08912 Badalona
www.koanlibros.com • info@koanlibros.com

Título original: *Do open*
© The Do Book Company 2013
Works in Progress Publishing Ltd

Texto © David Hieatt 2017
Fotografía © Andrew Paynter
Fotografía © Hiut Denim Co
Fotografía p. 6 © Dan Rubin
Fotografía pp. 30, 72 © Jim Marsden
Fotografía pp. 44, 48, 142 © Marcus Ginns
Ilustraciones © Tom Fishburne 2017
Traducción © Carmen Cremades

ISBN: 978-84-10358-15-7 • Depósito legal: B-490-2025
Diseño de cubierta: James Victore
Diseño del libro: Ratiotype
Maquetación: Cuqui Puig
Impresión y encuadernación: Liberdúplex
Impreso en España / *Printed in Spain*

1ª edición, febrero de 2025

CONTENIDO

NO LAS SUBESTIMES

Me fascina el potencial que tiene una simple *newsletter* para hacer crecer un negocio. También me sorprende que en la mayoría de los casos no se le preste demasiada atención. Es algo que se deja para el último momento. El pariente pobre. «Que la escriba el becario.» Y, sin embargo, las *newsletters* son una de las formas más rentables que una empresa tiene para comunicarse con sus clientes.

Pero solo cuando están bien hechas. Si se hacen con cierta habilidad, estrategia y metodología, se convierten en uno de los recursos digitales más eficaces. Crean comunidad. Construyen tu marca. Y aseguran de forma indiscutible el crecimiento a largo plazo.

Yo mismo fui testigo de cómo una simple *newsletter* impulsaba mi empresa, así que no me cabe ninguna duda de que tú puedes hacer lo mismo. Como todo, requiere esfuerzo y un poco de astucia, pero si le dedicas el tiempo y el compromiso necesarios, te ayudará a transformar tu negocio. De hecho, puede hacerlo.

Página anterior Mi esposa Clare y yo

LAS *NEWSLETTERS* YA NO SON IMPORTANTES. SON IMPRESCINDIBLES

Cada vez buscamos plataformas o aplicaciones más novedosas para difundir nuestro negocio por las redes sociales. Queremos encontrar ese «multiplicador» mágico que propague nuestra historia por el mundo. Pero al hacerlo corremos el riesgo de ignorar una herramienta fiable y contrastada que ya sabemos que funciona.

Piénsalo en estos términos. Una aplicación se puede esfumar de la noche a la mañana. Una plataforma puede ir y venir. Y todos esos millones de seguidores que has acumulado también desaparecerán con ellas.

Pero el correo electrónico seguirá aquí.

NO SE LAS DES AL BECARIO

Las grandes empresas no suelen tomarse muy en serio las *newsletters*. No son aplicaciones novedosas ni plataformas revolucionarias. No aparecen en la prensa muy a menudo. En resumen, no resultan muy atractivas.

Por eso no se les concede el respeto que merecen. No se procura hacerlas bien, se les dedica el mínimo esfuerzo posible. La *newsletter* se asigna a un departamento que, en realidad, no quiere hacerla. Se le encarga al becario que, aunque trate de impresionar haciéndose el listo, probablemente la considere tan trivial como preparar cafés.

Pero si comprendieras su potencial, encomendarías este proyecto a los mejores de tu empresa.

MI HISTORIA
EL DÍA QUE EMPECÉ A TOMARME LAS *NEWSLETTERS* EN SERIO. MUY EN SERIO.

Y los pedidos siguieron llegando. Era emocionante. Era un gran alivio. Y además increíblemente reconfortante. Pero en el primer mes habíamos recibido pedidos para seis meses.

Da gusto tener problemas como ese, solo que una fábrica no puede duplicar su producción de repente. Teníamos mucho trabajo por delante. (Atención: alerta de decisión absurda.)

Decidimos cerrar el sitio web. En nuestra ausencia, dejamos de aceptar pedidos para contratar el doble de personal. Sé lo que estás pensando. Pero en ese momento nos pareció lo más inteligente.

Nuestros clientes se portaron de una forma increíble. Algunos tuvieron que esperar seis meses por un par de vaqueros. Pero nos pusimos manos a la obra, trabajamos muy duro y, por fin, tras meses de jornadas interminables, conseguimos ponernos al día con todos los pedidos.

Fue una sensación genial. Un gran momento para nosotros como empresa y como equipo. Gracias, grandes maestros (así llamamos a nuestros maquinistas en la fábrica de vaqueros).

Entonces volvimos a abrir nuestra web.

Y ¡bum! Nada. No llegaba ningún pedido. El mundo se había olvidado de nosotros.

Para colmo, me había gastado todo el presupuesto de marketing en una máquina de café, había duplicado la plantilla y todos nuestros clientes ya tenían sus vaqueros, así que no necesitaban más.

Estábamos ante un precipicio. Mirando hacia abajo.

Fue en ese preciso momento cuando me tomé en serio nuestra *newsletter*.

A partir de ese día tan estresante, todo lo que hicimos, todo lo que construimos, cada pieza de comunicación estuvo enfocada a crear una comunidad mediante nuestra *newsletter*. Y vaya, en los últimos cuatro años hemos aprendido a hacerla como es debido.

Me encanta Instagram. Me encanta X. Me encanta Medium. Incluso ha empezado a gustarme Facebook. Pero sin una *newsletter* no podría reunir a tanta gente en un solo lugar y mantener una conversación más pausada con ella.

Nuestra *newsletter* es nuestra principal herramienta para expandir nuestro negocio. Sin ninguna duda. Desde que elegí una simple *newsletter* como medio para comunicarle al mundo que existíamos, nos ha salvado. Y ahora nos está ayudando a prosperar. Uf. Dicen que las crisis forjan a los buenos editores.

Por tanto, me encantan las *newsletters*, claro que sí. Y quiero compartir contigo lo que hemos aprendido para ayudarte a hacer crecer tu negocio.

SEGÚN UN ESTUDIO REALIZADO POR MCKINSEY EN 2014, CADA DÓLAR INVERTIDO EN *EMAIL* MARKETING REPORTA CUARENTA VECES MÁS QUE HACERLO A TRAVÉS DE FACEBOOK, INSTAGRAM O CASI CUALQUIER OTRO CANAL DE MARKETING

CAPÍTULO UNO

TIEMPO

TU MAYOR COMPETENCIA ES ESTA: LA GENTE ESTÁ OCUPADA

¿Cuándo fue la última vez que viste una película sin echar un vistazo el móvil? ¿O un partido de fútbol? ¿O durante una cena en familia? ¿A cuántas personas has visto conducir mirando el móvil? ¿Cuántas se lo llevan al baño? Seamos sinceros.

Y cuando no estamos ocupados, encontramos muchas formas de olvidarnos de lo ocupados que estamos. El yoga está de moda. La meditación está cada vez más extendida. Se venden millones de libros de colorear para adultos. Dibujamos para olvidar. Miramos una pantalla antes de mirar al cielo.

Todo, todos reclaman nuestra atención. Y la única limitación es que ahora tenemos el mismo tiempo que antes de que llegaran todas esas distracciones. Así que debes entender esto: tu *newsletter* tiene que destacar en un mundo ajetreado cuando llegue a mi bandeja de entrada. Porque estoy ocupado.

LA ATENCIÓN ESTÁ CAMBIANDO

La forma en que consumimos información hoy en día está cambiando. Y seguirá haciéndolo. Lo que el año pasado funcionaba puede dejar de hacerlo de repente. Piensa en cómo vemos ahora nuestros programas de televisión favoritos. Ahora decidimos cómo y cuándo consumimos, así que cuando se trata de una simple *newsletter* tienes que luchar por el derecho a captar la atención de tus suscriptores.

Una forma de intentar ganarte un hueco en su ajetreada semana es hacerlo siempre a la misma hora: los domingos a las 11.30 h de la mañana o los jueves a las 22.00 h de la noche. Tú decides. Pero para crear un hábito, hay que ser constante.

AHORA CONSUMIMOS EN MICROMOMENTOS

Reservamos ciertos momentos de la jornada para ponernos al día. Puede ser de camino al trabajo. O durante el desayuno. O después de acostar a los niños. Leemos las noticias sobre la marcha, entre una cosa y otra, y a veces miramos dos y hasta tres pantallas a la vez. Pero no pasamos períodos de tiempo muy prolongados en las redes sociales.

Así que habrá que tener en cuenta esa hipervelocidad de consumo en nuestra forma de comunicarnos. Debemos contar las historias de forma ligera y rápida. Eso no significa que el formato largo no sea magnífico o que no funcione, pero habrá ocasiones en las que no convenga. Sobre todo cuando no se le puede prestar atención. Tal vez tengamos que dividir nuestros comunicados en pequeños bocados, fáciles de asimilar.

La clave consiste en saber en qué momento del día se encuentra el cliente y adaptar la *newsletter* a esa situación. Si va de camino al trabajo, quizá lo mejor es darle solo una píldora. Si la recibe un domingo, con una copa de vino, puede que le dedique más tiempo.

REVISAMOS NUESTRO MÓVIL 221 VECES AL DÍA. Y LUEGO NOS PREGUNTAMOS POR QUÉ DURA TAN POCO LA BATERÍA

¿CÓMO RESPETAR EL TIEMPO DE TUS CLIENTES? CON LA EXCELENCIA

Si respetas el tiempo de tus clientes —y no solo me refiero a decirlo, sino a hacerlo de verdad—, te lo pensarás mucho antes de enviarles una *newsletter*. Harás todo lo posible para que sea superútil. Para que sea realmente inspiradora. Para que sea profundamente relevante. Para que sea lo más sencilla posible. Lo más bonita posible.

La cantidad de esfuerzo que le dediques es una muestra de respeto por sus ajetreadas vidas, al no añadir más morralla a la que reciben cada día. Sin necesidad de decirles el trabajo que hay detrás, lo percibirán, lo sentirán y lo verán por sí mismos.

Notarán en tus actos que los respetas, al enviarles solo algo digno de su bien más preciado: su tiempo.

EL TRABAJO PROFUNDO INCREMENTA EL RENDIMIENTO

Para que tus *newsletters* funcionen y te den resultados espectaculares, tienes que invertir tiempo en hacerlas excepcionales. Pero como tu equipo ya está ocupado, ¿de dónde sacará ese tiempo? Formándose en el arte del trabajo profundo.

Para ello hay que desactivar las distracciones. El mundo en que vivimos ofrece más distracciones que nunca. El *smartphone* es lo que más consume nuestra atención. Para hacer mejor su trabajo, tu equipo tendrá que estar muy concentrado. Y estarlo durante largos períodos de tiempo ininterrumpido. Tendrán que ser implacables a la hora de bloquear las distracciones.

En su magnífico libro *Céntrate*, Cal Newport pone el énfasis en la necesidad de integrar en tu rutina diaria dos o tres horas sin wifi y sin teléfono.

Esas dos o tres horas valdrán más que las ocho horas de otras personas. Puede que dediquen más tiempo, pero su trabajo será más superficial. Se distraerán con los cotilleos de la oficina, con un *email* que acaba de llegar o con una maravillosa foto de Instagram.

Cuando trabajas de forma superficial, no puedes resolver problemas difíciles. Un desempeño óptimo en tu trabajo te exige superar ciertos retos. Te impulsa a esforzarte, a superarte, a encontrar tus propios límites. Ese tipo de trabajo no se puede hacer pensando en otra cosa.

Por cada distracción en la que caemos, tardamos otros veinte minutos en volver al punto en el que nos quedamos. Las distracciones consumen más tiempo que la distracción en sí porque dejan un residuo, y recuperar la concentración lleva tiempo.

Las empresas grandes cuentan con equipos muy numerosos. Sin embargo, pierden mucho tiempo en burocracia y en reuniones que llevan a otras reuniones pero que no conducen a nada inmediato. Un equipo pequeño puede dar más de sí no solo manteniéndose concentrado, sino focalizándose en lo que dará mayores resultados.

En Hiut Denim Co. somos un equipo increíblemente pequeño. Hemos organizado nuestra semana utilizando el método M + M de la siguiente manera.

La primera «M» significa Mantenimiento. Es todo lo que tienes que hacer para mantener tu posición actual. Y te lleva la mayor parte del día. Hacerlo bien es vital y, si lo consigues, puedes aspirar a un crecimiento del 10 % como mínimo.

La segunda «M» se refiere al *Momentum*. Al impulso que te hace avanzar. Lo más difícil es encontrar el momento de generarlo. Hay que organizarse el día a fin de dejar tiempo para el *Momentum*. Es lo que te llevará al siguiente nivel. Y de ahí para arriba.

Tienes que crear una cultura de empresa para que todo el mundo comprenda la importancia de su jornada. Y cómo distribuirla de manera que haya tiempo para aquello que os ayudará a crecer de manera increíble.

Esta foto es de Huw (nuestro responsable de redes sociales), con motivo del aniversario de Leonardo da Vinci. Pensó que eso nos daría impulso. Así que, con la ayuda de Tim (nuestro becario), encontró tiempo para comprar madera y construir unas alas en una noche.

Grabó una película y la compartimos a través de nuestra *newsletter*. De todo lo que hemos hecho, es de lo que más visitas ha tenido.

M+M
MANTENIMIENTO + MOMENTUM = USO ESTRATÉGICO DEL TIEMPO

PARA UN DESEMPEÑO ÓPTIMO, HAY QUE SUSTITUIR LAS DISTRACCIONES POR LA CONCENTRACIÓN

¿QUIERES QUE TU *NEWSLETTER* HAGA CRECER TU NEGOCIO? DEDÍCALE MÁS TIEMPO

¿Quién lo iba a decir? No puedo ofrecerte ningún atajo. Pero si dedicas tiempo y esfuerzo a elaborar la estrategia que crees que te permitirá destacar, tus *newsletters* funcionarán.

Claro que esto no le gustará a todo el mundo. Hay quien busca el camino más fácil. Pero como ocurre generalmente, con tiempo, un esfuerzo constante y una estrategia inteligente, lo conseguirás.

Estudios realizados en EE. UU. han demostrado que por cada dólar invertido en una *newsletter* se reciben otros 40. Comparados con los 7,30 dólares de los catálogos o los 17 dólares de los anuncios por palabras clave, las *newsletters* son una de las mejores formas de hacer crecer una empresa. Así que dedicarle tiempo te compensa. Y te recompensa.

CAPÍTULO DOS

ESTRATEGIA

LA IMPORTANCIA Y LA PSICOLOGÍA DE LOS VALORES

La clave para entender cómo ganar es comprender realmente al ser humano al que vas a enviar tu *newsletter*. La mayoría de las *newsletters* que va a recibir esta semana le pedirán que dé o que compre algo.

Rara vez una *newsletter* pretende simplemente ofrecer algo útil o inspirador, o una información nueva e interesante. Por eso cuando lo hace, destaca.

Piensa en tu *newsletter* como en una relación a largo plazo. Las relaciones más duraderas son aquellas en las que ambas partes aportan valor. Para crear una *newsletter* duradera, tendrás que aprender a dar.

LA LEY DE LA RECIPROCIDAD

Estamos programados para ayudar a quienes nos ayudan. Según la psicología social, esta «ley de la reciprocidad» hace que los seres humanos queramos corresponder a los demás, ayudar, devolver una buena acción. Es lo que nos hace tan extraordinarios. Es importante tenerlo en cuenta si vas a adoptar esta estrategia en el futuro. No solo te parecerá que es lo correcto, sino que te ayudará a expandir tu negocio.

Creo que no está de más puntualizar que debes hacerlo porque crees en ello, y no limitarte a utilizarlo como una estrategia más de marketing.

DAR
GENERA
CONFIANZA

Haríamos bien en plantearnos las relaciones con los clientes como relaciones de amistad. Nunca seríamos amigos de una persona que solo nos pidiera favores, que solo nos reclamase ayuda, que solo pensara en sí misma. Sería una amistad unidireccional, de las que no duran toda la vida.

Creo que las grandes empresas aportan algo a sus clientes. Y así se establece entre ambas partes una nueva conexión que se llama confianza. Hacen algo por ellos que no es solo una transacción: dan algo por el simple hecho de que es bueno hacerlo sin pedir nada a cambio. Por eso, cuando finalmente le pides al cliente que compre, te ve con otros ojos. No es una estrategia a corto plazo, sino a largo plazo. Las relaciones se construyen mejor con el paso del tiempo y en igualdad de condiciones.

DA
DA
DA
PIDE

A nadie le gustan los invitados que solo hablan de sí mismos. Y nadie vuelve a invitarlos a sus cenas. Claro que hacen cosas interesantes. Claro que son increíbles. Claro que el mundo necesita saber que existen. Pero lo cierto es que resultan aburridos. Al instante.

Lo mismo pasa con las *newsletters*: la mayoría nos aburren soberanamente. Se sientan a la mesa y solo hablan de sí mismas. Son divertidas durante unos minutos. Pocos minutos. Antes de que te des cuenta estás mirando el reloj y esperando que sirvan café para levantarte de la mesa.

Pero no tiene por qué ser así. Las *newsletters* pueden ser inspiradoras, útiles y divertidas. Y sobre todo deben ser interesantes.

Una buena *newsletter* funciona si compartes tu forma de ver el mundo, y no solo lo que quieres vender al mundo. Recuerda que no todo gira en torno a ti.

Gary Vaynerchuk es quien mejor lo entiende. Lee sus libros. Ve sus charlas.

SI UNA PERSONA SOLO HABLA DE SÍ MISMA EN UNA CENA, NUNCA VUELVEN A INVITARLA

MENOS GENERA MÁS

Muchas empresas piensan que la receta para hacer crecer su negocio es enviar *emails* continuamente. Es el fallo principal de esta estrategia es el exceso. Es la razón número uno de las bajas. Y una vez que un cliente dice adiós es para siempre. Muy pocos vuelven.

Así que en lugar de esforzarte por mandar muchas *newsletters*, ¿qué tal si envías menos pero más significativas?

La excelencia es un gran modelo de negocio. Y si tu *newsletter* se convierte en algo que la gente espera con impaciencia, si resulta útil e inspiradora, entonces la estrategia de «hacer menos pero mejor» dará sus frutos.

CUANDO ESTÉS VENDIENDO, VENDE

Muchas empresas se andan con rodeos o utilizan el humor para ocultar que están vendiendo. Pero la gente no es tonta, sabe mucho de Internet y tiene poco tiempo, así que respétala. Cuando vendas, vende. Ve al grano. «Aquí tienes unos vaqueros estupendos: cómpralos. Esta es una breve historia de fondo. ¿Quieres un par?»

No dejes lugar a dudas de que estás vendiendo. El cliente decide si los quiere o no. Si los quiere, te lo dirá haciendo un pedido. Si no los quiere, te dará una respuesta inconfundible: el silencio.

Independientemente de si quieren o no lo que vendas en ese momento, respetarán tu franqueza.

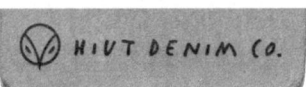

Do One Thing Well
June 2nd 2016
The 'Scrapbook Chronicles' will bookmark what
caught our eye, the stuff that inspired us, and log what
we are up to as a small denim company making our
way in this world. I hope you enjoy them.

The Tech Jean. More Sizes Now In Stock.
At 7.5oz, they're our lightest jean. They are designed
to give. Perfect for long-haul travel. Perfect for busy
days. And perfect for those long summer road trips.
Available in both Men's and Women's.

0 0 0 0

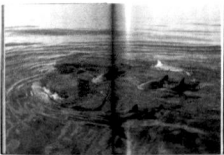

Dunn dunn. Dunn dunn. Dun dun, dun dun, dun...
Michael Muller has shot some of the most famous
faces in the world. But for his most recent book, he
ditched Hollywood and went into the wild to shoot
"the real celebrities." Sharks.

0 0 0 0

Scrapbook Chronicles

presents

FACTORY TALK

HIUT DENIM CO

CUTTING NEXT.

The Stalsbo High Waist, one of our most popular women's jeans is going into production
next week. If you'd like us to make a pair in your size, make sure to order before Monday.

[BUY]

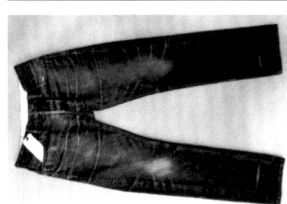

FREE REPAIRS.

Paul has been busy. He's been busy repairing. And busy learning his craft. I won't bore you
with the technicalities, but his repairs are now even better than before. But it takes him a
bit longer to do. If you are sending your jeans back for repair, there is currently a longer
wait. But as always, they are free repairs for life.

THE ROBOT LAWYER.

Factory Talk

UTILIZA *NEWSLETTERS* DIFERENTES PARA OBJETIVOS DIFERENTES

Tenemos dos *newsletters* distintas: «Scrapbook Chronicles» y «Factory Talk». La segunda es muy breve. Nos sirve para vender. Y la primera lleva tiempo leerla porque da mucho que pensar. Esa es la que da.

«Factory Talks» solo cubre un aspecto. La utilizamos para informar de nuestras últimas ofertas. «Scrapbook Chronicles» tiene ocho categorías diferentes, por lo que es bastante larga. En seis de ellas compartimos píldoras de inspiración. Las dos categorías restantes encabezan y cierran la *newsletter* y nos permiten contar lo que ocurre en la empresa. No siempre es para vender algo. Lo más frecuente es que se trate de una novedad o alguna noticia.

DIRIGE TODOS LOS CAMINOS HACIA LA SUSCRIPCIÓN

Piensa en X como en una carretera. Piensa en Facebook como en una carretera. Piensa en Instagram como en una carretera. Son carreteras rápidas y transitadas. Parpadea un segundo y el mundo pasa de largo. ¿Y esa maravillosa publicación que compartiste hace unas horas? El mundo ha seguido adelante.

¿Qué supone eso para tu negocio? Bueno, es fundamental que idees un modo de contar tu historia en tus propios términos. Las *newsletters* permiten mantener una conversación más larga con el cliente. Y en un mundo tan acelerado como el de las redes sociales, eso es oro puro.

Así que deberías pensar en cómo conseguir que tus seguidores de X, Facebook e Instagram se suscriban a tus *newsletters*. Todos los caminos deben conducir a este punto. Porque mantener una conversación pausada en un mundo tan acelerado es ahora más importante que nunca.

OPTIMIZA LA FIDELIZACIÓN

Una vez que alguien se da de baja de tu *newsletter*, abandona tu empresa para siempre. Para siempre es mucho tiempo. Pregúntale a un dinosaurio. Una vez que entiendas eso, te replantearás el envío de cada *newsletter*. La próxima vez podría ser la última si no lo haces como es debido.

Por eso tu trabajo consiste en proteger una relación a largo plazo. Y la mejor manera de hacerlo es dejar de pensar a corto plazo. Plantéate cómo construirla para un período de diez años.

A menudo creemos que haciendo más obtendremos mejores resultados. Pero en realidad ocurre lo contrario. La razón principal por la que la gente se da de baja es la frecuencia de envío. Juega a largo plazo. Envía menos *emails*, pero que sean mejores.

LA PERSEVERANCIA ES UNA HABILIDAD

Todo el mundo empieza de cero. Es un lugar difícil, pero es el mismo para todos. Cualquier cosa que quieras construir requiere tiempo. Y en ese sentido las *newsletters* no son diferentes. Muchas personas que comienzan dietas o rutinas de entrenamiento acaban abandonándolas. Lo mismo ocurre con las *newsletters*. La gente empieza con buenas intenciones y la estrategia correcta, pero al final todo se desvanece. Al no ver una transformación inmediata, adoptan un programa esporádico o simplemente lo dejan. Yo lo veía como algo bueno, porque tú no vas a hacer eso. Sabes que esto llevará tiempo.

Pero también sabes que si te ciñes a tu plan, este saldrá cada vez mejor con el tiempo, y no de forma inmediata. Así que sigue adelante. Algunas personas poseen el don de la perseverancia.

ES
IMPORTANTE

Aclaremos este punto: el diseño importa. Si te preocupa el diseño de tu producto, el de tu página web e incluso el de tu espacio de trabajo, también debería preocuparte el de tu *newsletter*.

¿Sabes por qué? Porque el diseño transmite algo sobre tu producto o servicio sin necesidad de palabras. Puede sugerir «alta calidad», «servicio rápido», o «manufacturado», solo a través del aspecto y el estilo que elijas. Si tienes una comunidad de diez mil personas y les envías *newsletters* cuatro veces al mes, en un período de tres años habrás enviado 1,44 millones de *emails*. ¿Merece la pena invertir tiempo, dinero y esfuerzo en algo que se va a ver tantas veces? Yo creo que sí.

UTILIZA
EL DISEÑO
PARA
COMUNICARTE
SIN
PALABRAS

«LOS DETALLES NO SON DETALLES. CONSTITUYEN EL DISEÑO.»

CHARLES EAMES

TODO DICE ALGO

La tipografía dice algo sobre ti. La maquetación dice algo sobre ti. Las fotos que incluyas dicen algo sobre ti. Y por supuesto, tus palabras dicen algo sobre ti. Pero ¿qué quieres que digan? ¿Cómo quieres mostrarte? ¿Divertido? ¿Serio? ¿Profesional? ¿Innovador? ¿Todo lo anterior?

Antes de diseñar nada, hay que tener una idea clara de lo que se pretende. Nuestra filosofía de diseño en Hiut Denim Co. es ofrecer unos vaqueros de primera calidad, sobrios, sencillos y bien hechos. Y el diseño de nuestra *newsletter* respalda esos valores.

¿Cuáles son tus valores? Escríbelos.

Antes de que un diseñador revise tu *newsletter*, asegúrate de que los entiende. Su diseño debe reflejar tus valores. Para que haga ese trabajo por ti. Recuerda cuántos millones de veces se van a enviar.

Un buen diseño evocará tus valores sin necesidad de expresarlos con palabras.

LA FILOSOFÍA DETRÁS
DE HIUT DENIM CO.

Al darme cuenta de lo ocupada que estaba la gente, quería que nuestra *newsletter* se percibiera como un lugar de calma. Que al pasar cinco minutos en ella se sintiera relajada. Tomamos los aeropuertos como modelo, porque están diseñados para que las personas se sientan tranquilas. Muchas llegan tarde, estresadas, con miedo a volar. Por eso los aeropuertos son bastante neutros. Eso me inspiró.

Pedí al equipo de diseño que dejara mucho espacio en blanco, que eligiera fotos con fondos neutros y que redujera las palabras al mínimo. Para que no resultara abrumadora. Y, lo más importante, que funcionara bien en los móviles.

Diseñamos un formato sencillo y despejado para nuestra *newsletter*. Queríamos crear un espacio tranquilo, como si presionaras el botón de pausa. Un espacio donde tomarte cinco minutos para inspirarte.

La familiaridad de los elementos habituales también transmite calma. Y una voz coherente. En un mundo sobrecargado de información, «menos» es algo que se agradece. Tenemos la cabeza llena de cosas; tu *newsletter* debe funcionar como vía de escape en un mundo frenético. Así, los clientes la esperarán con impaciencia.

Artists always sign
their work.

Troy

FÍJATE EN LOS DEMÁS, PERO SOLO EN LOS MEJORES

Para empezar, pregúntate: ¿qué *newsletters* me gustan? Y mejor aún: ¿por qué me gustan? ¿Qué me hace sintonizar con ellas? Y luego considera si la tuya debería incluir esos atributos.

No está mal fijarse en la competencia, pero es más útil tomar como referencia a alguien que está abriendo nuevos caminos, aunque sea de otro sector. Puede que el tuyo sea más monótono, así que tal vez compararte solo con los mejores de tu campo no te dé el impulso que necesitas.

Plantéate estas preguntas sobre tus referentes:

— ¿Qué hacen bien?

— ¿Cuál es la esencia de su actividad?

— ¿Con qué frecuencia envían *newsletters*?

— ¿Cómo equilibran la balanza entre dar y vender?

— ¿Aportan valor?

— ¿En qué pueden mejorar?

ELIGE CON CUIDADO TUS REFERENTES

He aquí algunos ejemplos de buen diseño de *newsletter* y qué es lo que nos gusta de ellos.

BEST MADE

bestmadeco.com

Con sede en Nueva York, Best Made ofrece productos de alta calidad que invitan a salir al aire libre, a reconectar con las manos y con la naturaleza y a «embarcarse en una vida llena de aventuras». Sus *newsletters* tienen un diseño limpio y consistente, buenas fotografías, y tienden a dar, no solo a vender algo. Cuentan la historia del producto y lo hacen atractivo. Envían *newsletters* con bastante frecuencia: solo en agosto recibimos ocho.

NEXTDRAFT

nextdraft.com

También desde Estados Unidos, Dave Pell escribe un divertido comentario social sobre las noticias. Tiene una visión que la mayoría de los periódicos no se pueden permitir. Sin fotos, solo textos breves, concisos, irónicos y brillantes. Envía la *newsletter* unas cinco veces por semana.

MONOCLE MINUTE

monocle.com/minute

Monocle envía una *newsletter* diaria compuesta por cinco o seis breves artículos de actualidad, opinión y empleo, acompañados de fotografías. El contenido es ecléctico.

INSTAPAPER WEEKLY

instapaper.com

La *newsletter* de Instapaper recopila las siete noticias más destacadas de la semana, centradas en tecnología, diseño y negocios.

KEVIN ROSE'S JOURNAL

kevinrose.com

«Una *newsletter* mensual para curiosos», siempre interesante y bien elaborada. Buenas recomendaciones de una fuente fiable.

PERSONALIZA

Nuestro servidor de correo electrónico es MailChimp. Nos parece el más sencillo, el mejor, y ofrece un montón de plantillas con las que puedes empezar de inmediato. Tiene grandes ventajas. Es muy práctico, te lo da casi todo hecho y está programado para compartir a través de otras plataformas como Facebook.

Pero si quieres diseñar algo por tu cuenta, te permite reproducir exactamente la idea que tienes en mente. Eso te ayuda a destacar. Demuestra que te importa el diseño, que tienes buen ojo. Y te diferencia de las plantillas que usa todo el mundo.

DISEÑA UNA BUENA CABECERA

Todos los periódicos y revistas tienen una cabecera. Y también tu *newsletter* debería tenerla. Es el único elemento que da consistencia al resto. Lleva tu nombre. Y si está bien diseñada, también comunica mucho más. Puede indicar que eres serio, o que tienes un gran sentido del humor. Cada semana aparecerá en el mismo lugar, con el mismo tamaño y en la misma posición.

Si echas un vistazo a la cabecera de Dave Pell (nextdraft.com), es icónica y pone su nombre, claro, pero también sugiere que su punto de vista sobre las noticias va a ser, bueno, al menos un poco más divertido que el del resto.

Reproducido con permiso.

DISEÑO PARA DISPOSITIVOS

El móvil se convertirá pronto en el principal dispositivo para leer las *newsletters*. Así que cuando estés frente a tu ordenador diseñando tu *newsletter* y todo se vea superbién, haz esto: envía una prueba a tu teléfono para saber cómo se ve en el lugar donde lo va a ver la mayoría de la gente.

Cada vez hay que tener esto más en cuenta. Herramientas como MailChimp te permiten verlo mientras lo diseñas, así que no hay excusas para no hacerlo bien.

Piensa además en cómo se ve en diferentes sistemas operativos. De nuevo, no te fijes solo en el tuyo. Mira cómo lo ven tus clientes. Y asegúrate de que funciona.

«CUANTO MÁS SENCILLO SEA EL DISEÑO, MÁS CLÁSICO SE VOLVERÁ.»

PAUL ARDEN

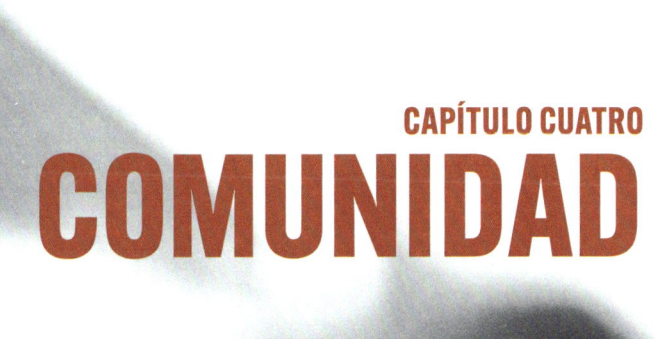

CAPÍTULO CUATRO

COMUNIDAD

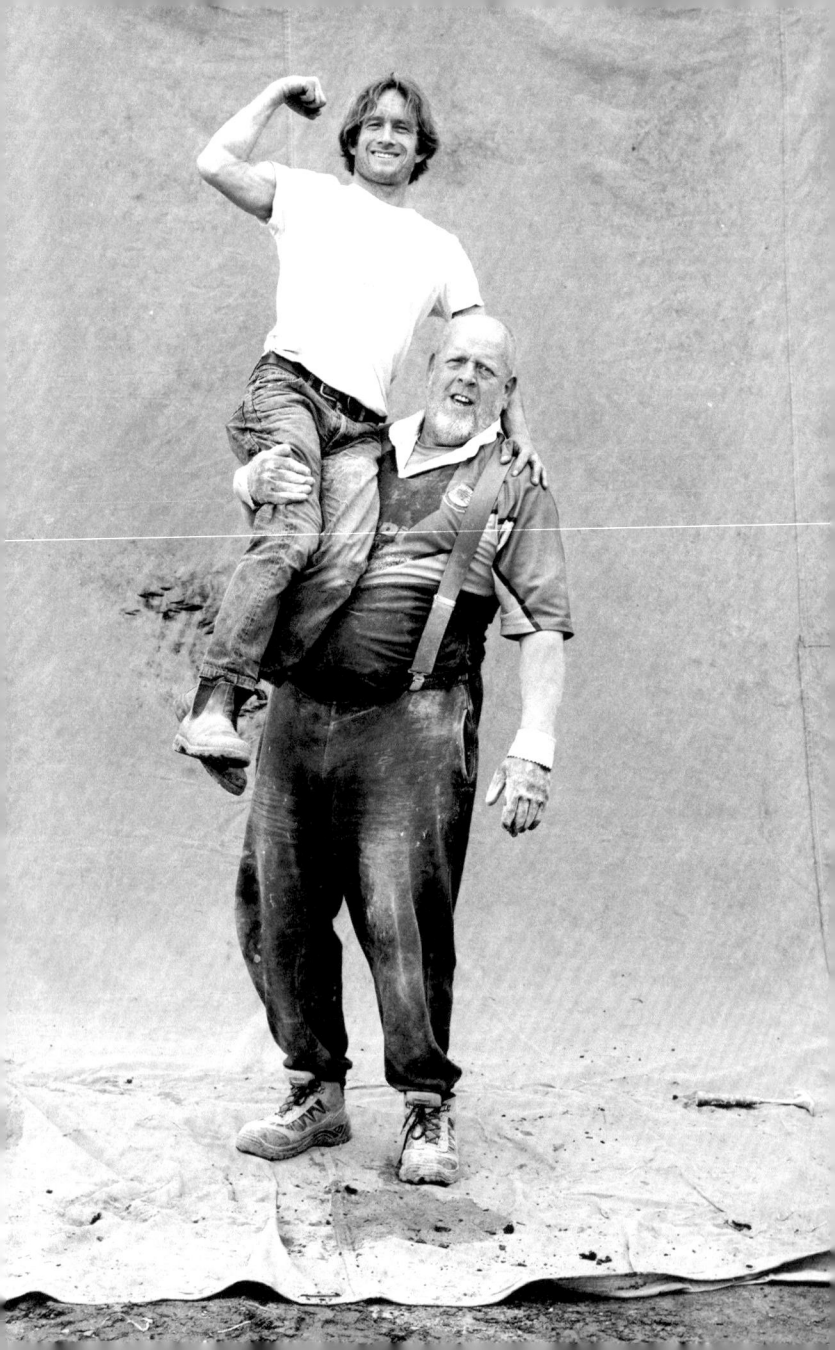

CREA UNA COMUNIDAD, NO UNA LISTA

Doy por hecho que quieres construir una comunidad. Y una comunidad participa activamente. Te dice cuándo te equivocas. Y cuándo lo haces bien. Una comunidad te hace sugerencias, te aporta ideas y comparte las tuyas con otras personas en tu nombre.

¿Cómo se construye una comunidad? La mejor manera es lograr que sientan algo por lo que haces. Responde a sus comentarios. Mantén un diálogo, una conversación. Demuestra que te importan. Y ellos te demostrarán que tú también les importas.

No es tan difícil. No es ciencia espacial. Pero solo sacarás tiempo para hacerlo si te importa tu comunidad. No es algo que se pueda fingir.

¿CÓMO ENCONTRAR TU COMUNIDAD?

Buena pregunta. Pero no es difícil de responder. Lo semejante atrae lo semejante. Si vas diciendo que eres un gran quesero, te encontrarán otras personas de la comunidad quesera. Claro que decirles a los diez *influencers* de tu mundillo que estás haciendo un gran queso también ayuda. Envíales un poco. Un error muy frecuente es querer que todo el mundo conozca tu actividad. Pero lo cierto es que la minoría informará a la mayoría. Puede que solo necesites contactar con un puñado de *influencers*. Si les gusta lo que haces, se lo contarán a todo el mundo. Y ya está.

Seth Godin ha escrito un gran libro sobre la comunidad. Se llama *Tribus*. Invito a todo el mundo a que lo compre. A mí me ayudó a entender el concepto de comunidad y cómo encontrarla, conectarla y hacerla crecer.

MIL VERDADEROS FANS

Kevin Kelly, editor ejecutivo fundador de la revista *Wired*, escribió un gran artículo sobre el negocio de la música. Su teoría era que solo se necesitaban mil fans de verdad para vivir del negocio de la música. Un verdadero fan es alguien que compra casi todo lo que produces. Desde la edición limitada de siete pulgadas hasta la camiseta, la taza, las entradas para la gira, etc. Te publican en blogs, te promocionan, hablan de ti a sus amistades. Y el dinero que gasten en ti te permitirá vivir de tu música. Así que, según esta teoría, no tienes que expandirte para que tu negocio funcione; al contrario: tienes que restringirlo de modo que signifiques mucho para relativamente pocas personas. Y crecer a partir de ahí.

EL
ENGAGEMENT
IMPORTANTE

ES MÁS
QUE EL TAMAÑO

ES BUENO QUE SE DEN DE BAJA

Piensa de manera diferente sobre las bajas. Está claro que no quieres perder a toda tu comunidad, así que escucha a quienes se dan de baja. Te darán información. Te dirán que te estás volviendo menos relevante. O que envías *emails* con demasiada frecuencia. O que no te esfuerzas lo suficiente. Pero como respetas al máximo el tiempo de tu comunidad, no quieres hacer que lo pierdan con algo que ya no les interesa; así que puedes cambiar tu planteamiento y celebrar cuando se dan de baja.

Y eso sí, esfuérzate aún más por mantener implicada a la comunidad restante ofreciendo valor en todo momento. Si puedes decir que te has esforzado al máximo, que te has preocupado al máximo, que has aportado más valor que casi nadie, entonces no puedes hacer nada más.

PASIÓN = LIDERAZGO

Una *newsletter* es más poderosa cuando demuestras tu liderazgo. Y el liderazgo nace de la pasión. La pasión te impulsa a esforzarte más, a ir a fondo, a pensar más. Mucha gente quiere ser líder, pero no está dispuesta a trabajar por ello. En realidad, te conviertes en líder cuando manifiestas un amor extraordinario por lo que haces. Cuando tu comunidad detecte tu enfoque y esfuerzo, estará dispuesta a dejar que te conviertas en su líder en ese campo.

NO TE DILUYAS: SÉ ESPECÍFICO

Para construir una comunidad fuerte y extremadamente leal, hay que tener un punto de vista. Muchas marcas cometen el error de querer llevarse bien con todo el mundo. Y eso hace que su punto de vista no tenga gracia. Lo que quieren es tener muchos seguidores, así que intentan atraer a todo el mundo. Curiosamente, nunca lo consiguen. No llegan a ser influyentes. No dan que hablar. Es mejor significar mucho para una comunidad más pequeña que no significar casi nada para una comunidad enorme.

SI LA GENTE NO SE COMPROMETE, ¿SABES DE QUIÉN ES LA CULPA?

La ley de lo interesante es bastante simple.

Si haces cosas interesantes, pasarán cosas interesantes. Esta regla también puede aplicarse a las *newsletters*. Si a tu público no le interesa lo que haces, la culpa es tuya.

Es porque no has conectado. Porque no has profundizado lo suficiente. Porque no has aportado ideas nuevas. Porque no estás innovando. Porque no has reflexionado lo suficiente sobre tu historia.

Así que, en lugar de culpar a tu tribu, plantéate esta incómoda pregunta: ¿por qué hago que este tema tan interesante resulte tan aburrido?

UNA COMUNIDAD QUIERE CONEXIÓN, SIGNIFICADO Y CAMBIO

Identifica lo que tu tribu quiere de ti. Y entiende esto: nunca en la historia del planeta ha habido un momento mejor para conectar a la gente, proporcionarle significado y ayudarla a cambiar. Internet te permite hacerlo como nunca antes. Así que antes de ponerte en marcha, solo tienes que pensar cómo vas a proporcionar conexión, significado y cambio a tu tribu.

Cuanto más pienses en ello antes de empezar, más probabilidades tendrás de conectar desde el principio. Cuanto mejor conectes, más crecerás. Desde luego, es mejor reflexionar en el inicio.

CAPÍTULO CINCO

CURADURÍA

LA LABOR DEL EDITOR ES EDITAR

Vivimos en un mundo atareado. Y tú quieres su atención. Pero nadie parece tener tiempo. Si pretendes que la gente dedique su precioso y limitado tiempo a leer tu dichosa *newsletter*, más vale que sea buena. Crea algo nuevo. Encuentra algo antiguo. Busca algo increíble. Dedícale horas. Que se te conozca por proporcionar contenidos afines y de calidad. Como su editor de confianza, tu tarea consiste en encontrar «el oro». Para que no tengan que hacerlo ellos.

EL EXCESO DE INFORMACIÓN SE REDUCE CON UNA GRAN CURADURÍA. EL PAPEL DEL CURADOR NUNCA HA SIDO TAN IMPORTANTE

UN EQUIPO PEQUEÑO ES UN EQUIPO RÁPIDO

Un superpetrolero apaga el motor veinte minutos antes de atracar, lo que equivale a casi 25 kilómetros. Así que se podría decir que tarda casi 25 kilómetros en detenerse. Esto es interesante, porque hablamos mucho de lo grande que es la competencia, pero si consideras su tamaño como una debilidad, la perspectiva cambia. Entonces te das cuenta de lo vulnerables que son si aprovechas tus puntos fuertes.

Su tamaño los ralentiza. Y este mundo se acelera. Así que aprovecha tu ventaja: ser pequeño. Pequeño significa rápido. Pequeño significa sensible. No tienes que exponer tus ideas en una pizarra, no tienes que someterlas a experimentación. Puedes ponerlas en acción inmediatamente.

El mundo está cambiando muy deprisa. Y triunfarán los más ágiles. No quieras ser un trasatlántico en un mundo de lanchas veloces.

LAS REGLAS DE LA LANCHA

1. **LA VELOCIDAD ES MÁS IMPORTANTE QUE EL TAMAÑO**
2. **LA DIRECCIÓN PUEDE CAMBIAR RÁPIDAMENTE; LOS VALORES NO**
3. **NO SE ADMITEN PASAJEROS**
4. **A MENOS GENTE, DECISIONES MÁS RÁPIDAS**
5. **ESTÁS AQUÍ PARA PROVOCAR OLAS, NO PARA CABALGARLAS**
6. **NADA DE EGOS: TE FRENAN**
7. **ESCUCHA TU INSTINTO Y ACTÚA**
8. **GOLIAT TIENE UN PASADO, PERO EL FUTURO ESTÁ DELANTE: LLEGA TÚ PRIMERO**
9. **NO HAY MAPA. LOS PIONEROS DEBEN IMAGINAR EL CAMINO, NO LEERLO**
10. **LÁNZATE SIEMPRE**

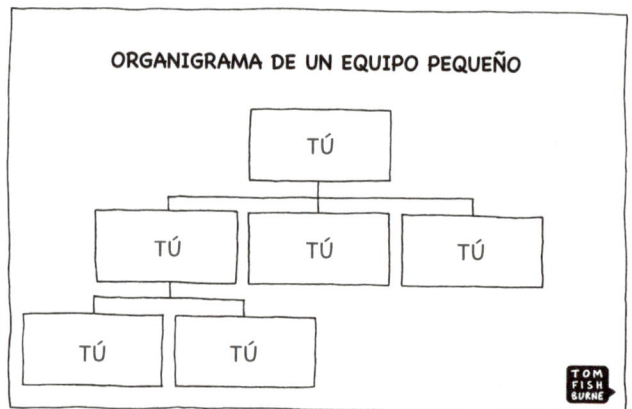

ORGANIGRAMA DE UN EQUIPO PEQUEÑO

¿CÓMO ES UN EQUIPO PEQUEÑO?

Bueno, si esta mañana te has mirado al espejo, habrás visto cómo es un equipo pequeño. Hay que llevar muchos sombreros, ¿eh? Si tienes un pequeño negocio, además de dirigir la empresa y atender el teléfono, también eres todo el departamento de redes sociales. Eso incluye también el departamento de *newsletters*. Para poder hacerlo todo, tienes que ser superconsciente de tu tiempo. Y aprender a utilizar las herramientas que tienes a tu alcance para rendir por encima de tus posibilidades. Invierte tiempo en aprender a utilizarlas: te ahorrarán mucho tiempo. En la página 155 hemos recopilado nuestras favoritas.

EJEMPLO DE UN EQUIPO PEQUEÑO

Miembros del equipo de Hiut Denim Co.:

— **David:** Redacción / Planificación / Edición
— **Huw:** Curaduría / Construcción / Optimización
— **Paige:** Diseño / Marketing de alcance

En realidad todos buscamos contenidos de interés durante la semana. Utilizamos Instapaper y Pocket para guardar todo lo que encontramos. Luego decidimos en la reunión de contenidos cuáles son los «destacados». Recuerda: si lo que compartes tiene interés, tu comunidad confiará en ti y, por tanto, tus tasas de apertura serán superiores a la media. La consistencia crea comunidad. En el momento en que baja la calidad de lo que publicas, tu comunidad reduce su confianza.

REUNIONES DE CONTENIDOS

CÓMO FUNCIONAN

Es importante crear una atmósfera agradable. En Hiut Denim Co. procuramos que haya buen café en un entorno formidable y que la reunión sea distendida. La única competitividad es el deseo de encontrar lo mejor, lo cual es algo positivo.

Todos conocerán las estadísticas de la semana pasada. Y la actividad de esta semana. Es una reunión muy centrada, muy rápida. Pero divertida.

NUESTRA REUNIÓN DE CONTENIDOS

Tiene lugar todos los lunes por la mañana. Dura una hora. Puede que sea la reunión más importante de la semana. Todo el mundo contribuye. Al terminar hemos acordado el contenido y la estrategia de nuestra siguiente campaña.

Objetivo de la reunión

1. ¿Qué ha funcionado?
2. ¿Qué no ha funcionado?
3. ¿Qué estadísticas tenemos?
   Suscripciones / Bajas
4. Planificación semanal
5. ¿Qué compartir? / ¿Qué crear?
6. Programación de horarios
7. Fin de la reunión:
   ¡A trabajar!

Acuerdo sobre los siguientes pasos

1. Actividad de campaña
2. Escribir / Armar / Vista previa
3. Calendario
4. Cierre de sesión
5. Envío

AHORA TODAS LAS EMPRESAS SON EMPRESAS DE COMUNICACIÓN

TEN UNA VISIÓN 360º DE TU CLIENTE

La mayoría de las empresas solo miran el mundo a través de su lente. Si fabrican queso, solo hablan de queso. Pero es esencial entender que tu producto constituye solo una pequeña parte de los intereses de tus clientes. Sé ecléctico. Porque seguro que tus clientes lo son.

Tu cliente tiene otros intereses. No se dedica a un solo asunto. Ni tú tampoco. Por ejemplo, si diriges una marca deportiva mundial, ¿cómo separas la música del deporte? La gente escucha música al salir a correr o de camino al campo de fútbol. El público canta canciones a su equipo.

Las personas tienen muchos otros intereses aparte de lo que intentas venderles. ¿Vas a ignorarlos? ¿Quieres ver al ser humano en su totalidad o solo la parte que te interesa? Hay quien dice que debes hablar solo de lo tuyo. Pero yo creo que es mucho más atractivo ver al cliente en su totalidad. Así se enriquece la relación.

TUS *INFLUENCERS* HABITUALES

Cada semana tendrás que encontrar o crear nuevos contenidos. Para lograrlo, hay que ser astuto. Pregúntate lo siguiente: ¿quién crea o comparte siempre contenidos geniales? Sigue a esas personas y añádelas a tus favoritos. No tienes que fijarte en todo el mundo. Pero debes vigilar como un halcón los sitios que elijas.

Así que crea una lista de *influencers* en X o añádelos a los favoritos de tu ordenador. Eso te ayudará a encontrar contenidos interesantes con rapidez y regularidad. Así que es una elección importante. Son tu fuente. Si ellos son buenos, tú también lo serás.

A veces dejan de producir, de escribir, o simplemente están de vacaciones. A veces la fuente se seca de repente, como un río. Y entonces hay que actualizar la lista con gente nueva. Pero no demasiada. El problema de X es que todo el mundo sigue demasiadas cuentas, así que nadie puede seguir el ritmo. Tus favoritos deben ser pocos, pero excelentes.

ELIGE LO QUE MEJOR TE FUNCIONE

Estos son algunos de los que nos gustan:

- Flipboard
- Verge
- New York Times
- Product Hunt
- Mashable
- Uncrate
- Short of the Week
- Feedly
- Psychologies Magazine
- The Marginalian
- Science Daily
- Outside Online
- HuffPost
- Life Hacker
- It's Nice That
- Complex
- Cool Hunting

Recuerda, si acudes a las mismas fuentes que los demás, compartirás el mismo contenido que los demás.

REVISTAS

Suscríbete a una nueva cada mes, en función de tus intereses. Pero no te ciñas a las habituales. Tómate tu tiempo para hojearlas y proponte extraer algo de cada una de ellas.

SCRAPBOOKS

Ya se trate de cuadernos de recortes físicos o de álbumes digitales de Evernote, tendrás que desarrollar un sistema para guardar todo el contenido que encuentres, y almacenarlo en algún lugar al que puedas acceder cuando llegue el momento.

CREA UNA LISTA DE *INFLUENCERS* EN X

En X puedes crear tus propias selecciones de cuentas para seguir, es decir, tus propias listas, o también suscribirte a las creadas por otros. Si ves la cronología de una lista, verás un flujo de tuits solo de las cuentas que la componen.

Te recomiendo que no sigas a más de veinte *influencers*. Que haya variedad, pero que estén bien elegidos. De ello dependerá que te mantengas al día. Cuánto oro encuentres. Esto se convertirá en tu rutina para descubrir lo que está pasando. Encontrar contenido interesante puede ser fácil. Solo tienes que tenerlo organizado.

Crear una lista en X para iOS

1. En la pestaña Perfil, pulsa el icono de Configuración.
2. Selecciona Tus listas.
3. Haz clic en el icono Más para crear una Lista nueva.
4. Selecciona un nombre para tu lista y una breve descripción. Por defecto, la lista es pública (cualquiera puede suscribirse a ella). Activa la opción Privada para que solo tú tengas acceso.
5. Guarda.

En otras plataformas, como Instagram, el procedimiento no es tan fácil, pero hay aplicaciones que te ayudan a hacerlo.

«EMPECÉ A DARME CUENTA DE LA IMPORTANCIA DE SER UN ENTUSIASTA EN LA VIDA. ÉL ME ENSEÑÓ QUE SI TE INTERESA ALGO, NO IMPORTA LO QUE SEA, TIENES QUE LANZARTE A ELLO RÁPIDAMENTE. ABARCARLO CON LOS DOS BRAZOS, ABRAZARLO, AMARLO Y SOBRE TODO APASIONARTE POR ELLO. TIBIO NO ES BUENO. CALIENTE TAMPOCO. SOLO SE PUEDE SER ARDIENTE Y APASIONADO.»

ROALD DAHL, *MI TÍO OSWALD*

COMPARTIR VS. CREAR

Crear contenidos lleva tiempo. Y crear contenidos de calidad, aún más. Pero un equipo reducido tiene el tiempo muy limitado, así que te resultará más fácil encontrar buen contenido para compartir. Otras personas habrán invertido su tiempo en crearlo, así que tú no tendrás que hacerlo.

Compartir contenidos de otros es una buena estrategia para que la lista de suscripciones a tu *newsletter* alcance un cierto nivel. Pero para pasar al siguiente tendrás que encontrar tiempo para crear tus propios contenidos. Recuerda que eso corresponde a la parte del día dedicada al *Momentum*, no al Mantenimiento (ver página 24). Es lo que te hará avanzar. Publicar contenido original, si es bueno, te hará crecer más que si te limitas a compartir el de otros. Porque el tuyo es único. Eres tú.

CÓMO MANTENER EL INTERÉS

Para que tu *newsletter* siga siendo de interés, debe ser siempre relevante. Para mantener la atención de tu comunidad. Por eso es fundamental comprender la importancia de la ley de lo interesante.

Si haces cosas interesantes, pasarán cosas interesantes. Es una ecuación, una ley no escrita y una verdad universal, todo en uno. Es una forma de afrontar cada día, cada oportunidad, cada ocasión en que conoces a alguien.

Te permite adoptar un punto de vista diferente ante el fracaso, te invita a presentar tu producto al mundo con confianza y te da libertad para ser más valiente con tus ideas, tu trabajo y tu forma de pensar.

Lo interesante puede ayudarte. Puede mejorar tu producción. Puede abrirte puertas que creías que nunca se te abrirían. Puede ayudarte a trabajar con gente increíble y a alcanzar logros fabulosos. Es así: ocurren cosas interesantes cuando haces cosas interesantes.

CAPÍTULO SEIS

CRECIMIENTO

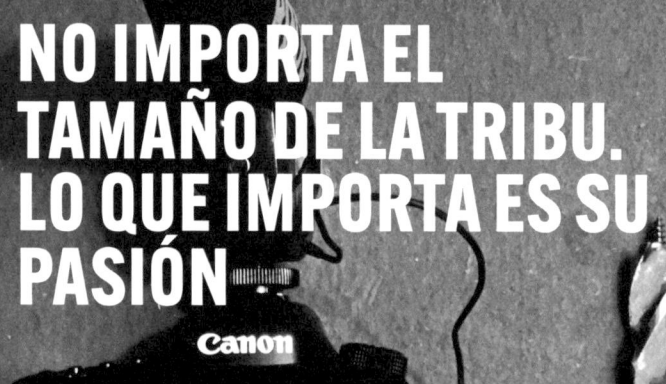

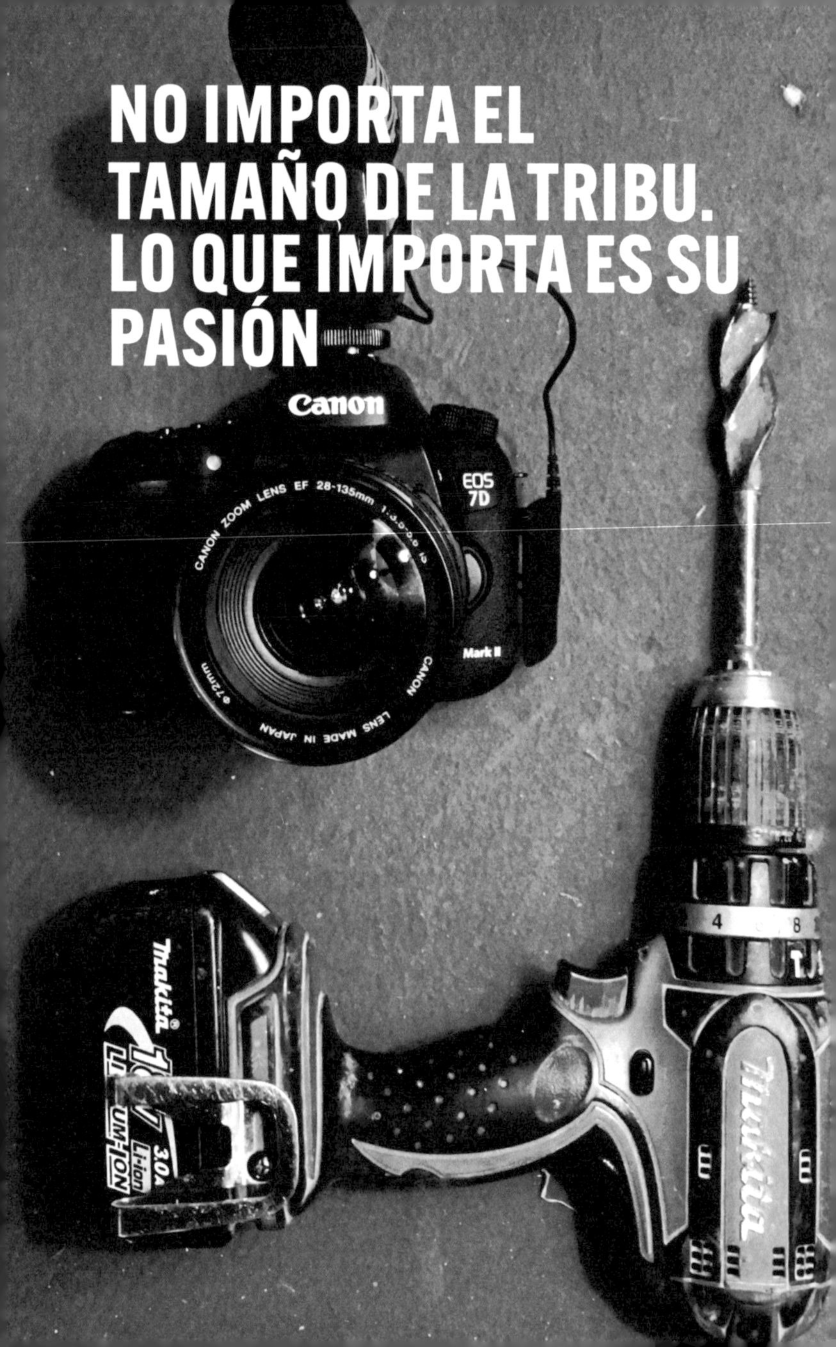
NO IMPORTA EL
TAMAÑO DE LA TRIBU.
LO QUE IMPORTA ES SU
PASIÓN
Canon
EOS
7D
Mark II
CANON ZOOM LENS EF 28-135mm
CANON
LENS MADE IN JAPAN
ø72mm
makita
3.0Ah
Li-ion
makita

TODO EL MUNDO EMPIEZA DE CERO

Es una pena, ¿verdad? Pero no hay otro modo de hacerlo. Así que no te avergüences. Lo importante es pasar a la acción. Empieza con el resultado en mente. Si tu deseo es inspirar a tu comunidad, dedícale todo tu esfuerzo. Trabaja duro. Profundiza. Demuéstrale cuánto te importa. Si eres capaz de transmitírselo y de ser coherente con tu inspiración y tu utilidad, podrás crecer en poco tiempo.

AUMENTAR LA FIDELIDAD, NO EL TAMAÑO

Muchas marcas alardean de su número de seguidores. Puede que sean cifras impresionantes. Pero no nos engañemos. La variable clave es la fidelidad. Es la única cifra que cuenta. La fidelidad es lo más importante. Lo principal. Lo único. ¿Siguen abriendo sus *newsletters*? Porque si no lo hacen, ¿de qué presumen exactamente? ¿Del hecho de que un millón de personas no abre sus *newsletters* porque ya no es relevante para su vida? ¿De que han hecho un gran trabajo vendiendo humo? ¿De que si se acordaran de darse de baja de su *newsletter* lo harían de inmediato?

Por eso la tasa de apertura te dice todo lo que necesitas saber. Es el pulso. Las constantes vitales. Te indica si la gente está interesada. O si no lo está. Te muestra que has hecho un gran trabajo. O que no lo has hecho. El número de seguidores no dice la verdad. Su fidelidad sí.

«ES PREFERIBLE UN GRUPO REDUCIDO QUE QUIERA EXACTAMENTE LO QUE OFRECES QUE UNO MÁS NUMEROSO QUE NO TE SEA FIEL.»

RAMSAY LEIMENSTOLL

UTILIZA UN *EMAIL* DE CONFIRMACIÓN. FUNCIONA PERFECTAMENTE

Cada día visitan tu web más personas de las que reciben tus *newsletters*. Aprovecha la oportunidad. Estas personas han mostrado interés por lo que haces, por lo que fabricas. Puede que incluso sean fans de todo lo que haces.

Atención: yo creía que esas ventanas emergentes de «suscríbete» eran horribles. Pero tengo que admitir que funcionan. (En el gráfico adjunto se puede ver que cuando las introdujimos empezamos a crecer mucho.) Lo único que le pregunté al equipo fue: «¿Podemos hacerlo bien?». Sin resultar demasiado invasivos, ni demasiado desesperados. Y algo muy importante: empezamos la relación dando. Así que dales algo de valor. En Hiut Denim Co. les regalamos un PDF de nuestro anuario.

Suscripciones a la *newsletter* de Hiut Denim 2010-2017

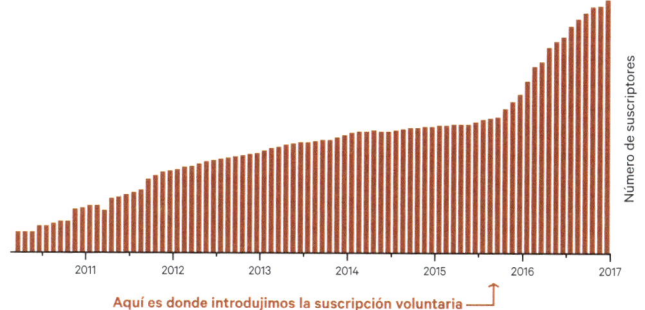

Número de suscriptores

2011 2012 2013 2014 2015 2016 2017

Aquí es donde introdujimos la suscripción voluntaria ———

PUEDES CONFIGURAR LA VENTANA EMERGENTE PARA QUE SE AJUSTE A TU MARCA

Si sabes cuánto tiempo permanece de media una persona en tu web, puedes crear una ventana emergente temporizada para captar su atención. Por ejemplo, si los visitantes permanecen en tu página una media de ocho segundos, el temporizador de la ventana emergente debe ajustarse a cinco segundos para garantizar la máxima cantidad posible de impactos.

Una gran herramienta para ejecutar este tipo de ventanas emergentes es Sumo. Si sabes que solo el 20 % de los lectores llegan al final de la página, puedes programar la ventana emergente para que aparezca en una sección determinada.

También puedes establecer un registro a través de las páginas de tus productos. Y cuando les envíes un recibo. Tú decides qué es lo mejor para tu marca.

DEFINE
UN HORARIO

Crea un hábito. Envía tu *newsletter* siempre a la misma hora. Y cúmplelo. Nos gusta la rutina. La regularidad. Lo que no nos gustan son las sorpresas (Navidades y cumpleaños aparte). Por eso es bueno que tu *newsletter* tenga un horario concreto. Ya sabes, como el Instapaper semanal. El Monocle Minute. El paquete de enlaces de los viernes de Swiss Miss. Así que si estás superocupado y te llega uno de esos *emails*, no te molestará. Ya te lo esperas, llega siempre a esa hora. Solo que esta semana no tienes tiempo de leerlo. Pero bueno, la próxima estarás más libre y podrás ponerte al día.

FINALMENTE ENCONTRAMOS LA MANERA DE QUE LA GENTE INTERACTÚE CON NUESTRO CONTENIDO.

SOLO SE COMPARTE LO QUE DESTACA

Lo ordinario no se comparte. Ni lo que ya habías visto. Ni lo mediocre. Ni lo aburrido. Se comparte lo útil, lo que inspira y sí, a veces, lo que es un poco tonto.

La palabra *destacable* surgió a partir de que la gente destacaba algo. Lo hacían porque sobresalía. Era memorable. Les llamaba la atención. Si quieres adoptar una estrategia de crecimiento, apuesta por lo destacable. La gente hará el trabajo por ti. Harán lo más difícil, que es lo que más favorece a tu crecimiento: se lo contarán a sus amigos.

LOS CONCURSOS SON ADICTIVOS

La gente adora los concursos. Funcionan. Sin duda, crean comunidad rápidamente. Y si se hacen con cierta habilidad, pueden forjar una gran comunidad. Pero hay que tener cuidado de no construir una comunidad que solo se haya unido porque tenía la oportunidad de ganar, en nuestro caso, uno de los mejores vaqueros del mundo.

Aunque te descubran gracias a un concurso, debes diseñarlo de forma que haya valores e intereses compartidos. Así podrás entablar una conversación con ellos a lo largo del tiempo, y puede que un día te compren unos vaqueros.

12 RECURSOS PARA CRECER

1. **PÁGINA DE REGISTRO**
2. **VENTANA EMERGENTE DE SUSCRIPCIÓN**
3. ***EMAIL* DE BIENVENIDA**
4. **CONCURSOS**
5. **ESCRIBIR BLOGS**
6. **TARJETAS DE X**
7. **POSTS DE INVITADOS**
8. **ENVIAR A UN AMIGO**
9. **RELACIONES PÚBLICAS**
10. **CREAR**

DOS PECADOS:

MUCHAS *NEWSLETTERS* POCAS *NEWSLETTERS*

¿Qué es lo correcto? Nosotros enviamos cuatro al mes a nuestra comunidad. Pero en tu caso puede ser diferente. Quizá una vez a la semana. O una vez al día. Tendrás que averiguar lo que te funciona.

Son una gran herramienta, pero utilízala con moderación. El botón para darse de baja te dirá si te has equivocado. Pero tampoco la infrautilices. Las redes sociales son brutales. La gente te olvida muy rápido. No es nada personal, solo que todo el mundo está muy ocupado. ¿Con qué frecuencia enviar una *news-letter*? Buena pregunta. Hay que encontrar el equilibrio adecuado. Claro que, como las llaves del coche, no siempre es fácil de encontrar.

RECORDAMOS LO EXTRAORDINARIO. OLVIDAMOS LO MEDIOCRE

Si inviertes en crear una *newsletter* fuera de serie, te saldrá rentable. Puedes medirlo. Puedes contar cada clic. Y puedes ver la tasa de respuesta. No es una cuestión de fe. Lo sabrás. Las *newsletters* son binarias: cero significa que no ha funcionado. Uno es que ha funcionado.

Claro, construir tu comunidad te llevará tiempo. Y no hay muchos atajos para lograrlo. Además, si quieres hacerlo bien, no siempre puedes dedicarte a vender. Es contradictorio, pero acéptalo: si das más y más, todo volverá a ti.

ENCUENTRA TU VOZ

Si hay algo que todos tenemos en común es que somos humanos. Pero al escribir una *newsletter* a menudo lo olvidamos. Olvidamos que tenemos un gran sentido del humor. Olvidamos nuestra vulnerabilidad. Olvidamos aquello que nos hace tan humanos. Sí, los humanos dicen palabrotas. ¿Quién lo habría pensado? Todo eso, defectos incluidos, es lo que nos hace raros, pero también interesantes. Y, al fin y al cabo, humanos. Así que no escribas «A quien corresponda». Tú no eres esa persona. Quiero escucharte. Quiero oír al ser humano que se sienta detrás del ordenador. Quiero oír al ser humano que hay detrás de la empresa. Quiero oír al ser humano que hay detrás de la ONG. Deja entrar a la gente. Sé humano.

«HAY UN PEQUEÑO
TRUCO PARA
QUE TE LEA
MÁS GENTE:
ESCRIBE COMO
HABLAS.»

PAUL GRAHAM, FUNDADOR DE VIAWEB

ESCRIBE COMO HABLAS

A veces al leer algo piensas: «¿Qué demonios significa eso?». Suele tratarse de gente inteligente que no sabe escribir en un lenguaje que tú y yo podamos entender. Pero si pudieran explicarlo oralmente, se entendería. Eso ocurre a menudo. La jerga incomprensible está a la orden del día.

Pero hay una forma de evitarlo, y es muy sencilla: solo tienes que leer en voz alta lo que has escrito. Escuchar lo que escribes es uno de los mejores detectores de mentiras que existen. Aclara las ideas. Saca a la luz las explicaciones complicadas. También sirve para las faltas de ortografía. Si tienes la paciencia de hacerlo y puedes integrarlo en tu proceso de edición, te ayudará a parecerte más a ti mismo.

HUMOR = HUMANO

¿Quieres saber por qué nos gustan tanto los GIF? Porque son divertidos. Irreverentes. Estúpidos. Tontos. Adictivos. Y no nos cansamos de ellos. El sentido del humor es una de las pocas cosas gratis que tenemos. Es uno de nuestros principales atributos. Y si quieres que la gente conecte contigo y con tu *newsletter*, es una de las mejores monedas de cambio que conozco para establecer vínculos. Reír a carcajadas une a las personas. Implícitamente, recuerda a la gente que hay un ser humano detrás de todo esto. No un comité, no una corporación, sino una persona real de carne y hueso.

«NO SE PUEDE SER UN GRAN EJEMPLO QUE CAMBIE LA VIDA DE ALGUNAS PERSONAS SIN PARECERLES ABSURDO O RIDÍCULO A OTRAS.»

MARK MANSON, *EL SUTIL ARTE DE QUE (CASI TODO) TE IMPORTE UNA MIERDA*

LA VOZ NO ES SOLO PALABRAS

Puede ser. Cómo. Lo dices. Puede ser tu actitud rebelde. Tu irreverencia. Tu mordacidad. Lo bien que te manejas con el formato largo. Pero la voz se puede expresar de muchas maneras, no solo con palabras. Pueden ser las fotos o las ilustraciones que eliges. O los colores que utilizas en tus *newsletters*. O la energía que te impulsa a enviar una al día. Puede ser tu positividad. Tu amor por un tema. Tu visión del mundo. Tu sentido del diseño. Considera la voz en 360 grados. Hay muchas formas de encontrar tu voz. ¿Cuál es la que mejor te define a ti y a tu marca / proyecto / lo que sea?

SÉ TÚ MISMO

Solo tú puedes ser tú. Inspírate en los demás, pero sin copiarlos. Comparte historias que te apasionen, no lo que creas que va a conseguir más *likes*. Si es interesante para ti, seguramente también lo será para los demás. Así que compártelo. Deja que salga de ti. Cuando escribas, haz que parezca que estás hablando. Con todos tus defectos. Tu voz no se formará en una sola *newsletter*, sino con el tiempo. Sé divertido. Sé emotivo. Pero no seas corporativo. No todo debe tener un motivo comercial. Escribe sobre lo que piensas, lo que te inspira. Dónde te encuentras ahora mismo. Tú sabes cuáles son los temas de los que tú solo puedes hablar. Porque solo tú puedes ser tú. Es lo más parecido a ser un monopolio.

SIGUE TU INSTINTO

A veces damos demasiadas vueltas a un texto. Y siempre que lo hacemos, algo se pierde. A veces lo primero que escribes es lo más puro. Al revisarlo, lo vas puliendo. Y en muchos sentidos es mejor. Pero le falta ese algo. A veces vamos a lo seguro, porque no queremos destacar demasiado. Pero al hacerlo, perdemos nuestro punto de vista. Lo desinfectamos. Quitamos las protuberancias. Pero pregúntate: ¿qué te dice tu instinto? Tienes que aprender a confiar en tu instinto.

He aquí algo que escribí para ayudarme a encontrar mi voz cuando estaba creando mi empresa. Gran parte de ello lo puedes aplicar a tu *newsletter*.

10 PASOS
PARA ENCONTRAR
TU VOZ

1. SÉ CLARO

Define el objetivo de tu empresa. Hazlo solo, sin consultarlo con nadie más. Basta con una frase. Escríbela en una servilleta de papel y cuélgala en la pared. Una vez decidido, no podrás cambiarlo. Asegúrate de que te entusiasma y de que estás dispuesto a pasar el resto de tu vida trabajando para conseguirlo. Asegúrate de que es tu verdadero propósito y no solo lo que los demás quieren oír. Asegúrate de que vive en tu cabeza e, igual de importante, en tu corazón.

2. CÉNTRATE

Define tu producto y su finalidad. Y cíñete a él. Deja de fabricar productos que no sean coherentes con tu definición del lugar que ocupas en el mundo. Incluso si generan dinero, deja de fabricarlos. Afina el enfoque. Google consiguió más ofreciendo menos que su competidor. En lugar de cerrar oportunidades, acotar el enfoque las abre. Los que se pasan el día intentando ser todo para todos rara vez tienen tiempo para cambiar el mundo.

3. SÉ TÚ MISMO

No intentes ser como los demás. No imites ni copies. No finjas. La voz no surge de una reunión o un comité. O de la última tendencia o, en su caso, de la última investigación. Proviene de una persona: de los libros que ha leído, las conversaciones que ha compartido, las experiencias que ha vivido. La voz es frágil en las manos equivocadas. Piensa bien a quién le confías esa tarea. La fuerza de Nike reside en que Dan Wieden, el ejecutivo publicitario que concibió el eslogan «Just do it», entró en la mente del fundador Phil Knight. Comprendió que Knight era un loco del deporte supercompetitivo que quería aplastar a la competencia. Y siguió transmitiendo eso a sus clientes. Año tras año. Lloviera o hiciera sol.

4. SÉ EMOTIVO

Tienes que hacer sentir algo a tus clientes. Comprender lo que hay en sus corazones. La lógica es una herramienta torpe para eso, amigo mío. Tiene mucho sentido, cumple todos los requisitos, pero cambia muy poco. Hacen falta otras herramientas: la música, las imágenes y las palabras que, cuando se agitan y se vuelven a colocar en el orden correcto, inspiran a tu audiencia. Lo cual no es fácil de hacer. Aporta sentido por todos los medios, pero sin anuncios. Desnuda tu alma. Cuéntales tus dificultades. Tus penas. Tus momentos de bajón. A una empresa le cuesta mostrar su alma, porque rara vez la tiene. Sé vulnerable. Sé sincero. Pero sobre todo, sé tú mismo.

5. SÉ INSTINTIVO

No investigues. Escucha lo que sientes. Si tienes dudas, pregunta a tu pareja. Si sigues teniendo dudas, pregunta a tus hijos. No vayas más allá de tu círculo de confianza. Nunca.

6. SÉ ÚTIL

Crea productos con un propósito. Que persigan una función y no una tendencia. Inventa para cubrir las necesidades de tus clientes. Las pequeñas necesidades pueden convertirse en grandes negocios. Si de repente te pones de moda, es porque has perseguido algo útil. Los clientes distinguen lo real de lo falso de un golpe de vista. Si tratas de estar a la última, con el tiempo pasarás de moda. Para evitarlo, sigue fabricando productos que tengan una utilidad. Sé auténtico. Si lo logras, estarás en tierra firme. No te desvíes persiguiendo la moda.

7. SÉ EL CAMBIO

Para sostener tu propósito necesitas algo más que palabras. Tienes que cambiar tu sector; tienes que mostrar otro camino. Y tienes que transmitir ese cambio de la forma más inspiradora que se pueda imaginar. Fíjate en lo bien que Apple comunica el cambio. Toda revolución necesita un enemigo. Desafía el diseño, desafía la contaminación, desafía los vertederos, desafía la cultura imperante de «comprar y tirar». Ahora que puedes producir lo que quieras, ¿cuál será tu producto? Y lo que es más: ¿qué quieres cambiar?

8. SÉ CONSISTENTE

Una gran empresa se forja con el tiempo. Sus productos, su propósito y su forma de dirigirse al mundo deben ser consistentes. Mantente fiel. En términos financieros resulta obvio el concepto de interés compuesto y de cómo un pequeño cambio puede suponer una gran diferencia. Igualmente, las pequeñas modificaciones pueden ir acumulándose con el tiempo y cambiar el alma de una empresa. Es fácil comprender la regla de la consistencia entre producto y servicio. Pero esa misma regla debe aplicarse a la voz de la empresa.

9. SÉ RELEVANTE

Entiende a tu cliente. Y elabora productos que sean relevantes para su vida. Recuerda que lo peor que puedes hacer por el medioambiente es fabricar algo que nadie quiera comprar. Háblales de un modo que conecte con ellos y los emocione. El truco está en dar algo de ti. Si tú sientes algo, lo más probable es que ellos también lo sientan. No es ciencia espacial, es solo intuición. Es saber lo que les gusta porque a ti también te gusta.

10. SÉ POSITIVO

Una empresa tiene que cuadrar sus cuentas, pero también necesita un propósito. Ahí reside la pasión. Y es lo que necesitamos las personas. Así que haz que a través de tu empresa se opere el cambio. Sé la esperanza. La esperanza es un bien escaso pero calladamente poderoso. Recuerda: el cínico cambia poco o nada; el optimista puede y quiere. Propaga el asombro. Transmite optimismo. Es lo mejor que puedes ofrecer.

CAPÍTULO OCHO

GANCHOS

«DE MEDIA, EL NÚMERO DE PERSONAS QUE LEEN EL TITULAR ES CINCO VECES MAYOR QUE EL DE LAS QUE LEEN EL CUERPO DEL TEXTO. UNA VEZ ESCRITO EL TITULAR, YA TE HAS GASTADO OCHENTA CÉNTIMOS DE TU DÓLAR.»

DAVID OGILVY

¿QUÉ ES UN GANCHO?

Un gancho es un titular. En el caso de las *newsletters*, el titular es el asunto. La palabra *gancho* cobra un nuevo significado en el mundo digital. Se escribe para atrapar al lector. En este mundo donde el tiempo escasea, debe resultar lo suficientemente interesante como para incitarte a hacer clic para saber más. Tiene que atraerte, hacerte una promesa, plantearte una pregunta que quieras responder, despertar tu curiosidad, e impulsarte a hacer clic de inmediato. Así que es una forma de arte.

POR QUÉ EL ASUNTO ES MÁS IMPORTANTE QUE NUNCA

Así es como funciona. Investigas para tu *newsletter*. Recopilas la información. Seleccionas las ilustraciones o las fotos. Te pasas horas escribiendo un texto genial. Luego compruebas los enlaces y la ortografía. Y por fin la tienes, lista para salir. Y entonces, fíjate, le dedicas un minuto al asunto. Justo antes de enviarla. O sea que lo que más influye en que la gente la abra acapara solo uno o dos minutos de tu atención. Considera lo siguiente: el factor determinante de tu éxito merece la mayor parte de tu tiempo. No solo un minuto antes de presionar «Enviar».

CÓMO ANALIZAN LOS TITULARES EN BUZZFEED

La expresión *clickbait* fue prácticamente inventada por BuzzFeed. Se toman muy en serio sus titulares. No los dejan para el último momento. Entienden que si no se hace clic en el titular, no se lee la historia. ¿Y qué hacen? Pues mantienen una cultura de *testing* para averiguar qué titular va a funcionar. Escriben unos veinticinco titulares por artículo para asegurarse de encontrar el más viral. Dedican toda su atención a los titulares, porque en ellos reside el éxito o el fracaso de sus artículos.

«SE VENDEN ZAPATOS DE BEBÉ, SIN ESTRENAR.»

FAMOSO CUENTO DE SIETE PALABRAS, ATRIBUIDO A ERNEST HEMINGWAY

LOS TITULARES EMOTIVOS SON LOS MEJORES

El Dr. Hakim Chishti estudió las raíces de varias lenguas, como el persa, el arameo, el hebreo, el árabe y el urdu. Así descubrió la importancia del Valor de Marketing Emocional (VME). Su investigación concluyó que en el lenguaje subyace una armonía básica de fondo que provoca siempre las mismas reacciones «emocionales». Mientras que el significado de una palabra se puede malinterpretar, el tono de los sonidos genera siempre la misma respuesta emocional. Esto significa que el lenguaje emocional crea una reacción muy predecible, lo cual puede ser muy útil para los profesionales del marketing.

CUANTO MAYOR ES EL VME, MÁS SE COMPARTE

El valor de marketing emocional (VME) es una escala que estima el grado en que un grupo de palabras cumple esas armonías emocionales y la probabilidad de que provoquen una respuesta emocional en el lector.

El análisis de titulares según su valor de marketing emocional (aminstitute.com/headline) es una herramienta basada en la investigación que el Advanced Marketing Institute pone a disposición de los usuarios de forma gratuita.

Los titulares de la mayoría de los redactores profesionales contienen entre un 30 % y un 40 % de palabras VME, mientras que los redactores más competentes alcanzan entre el 50 % y el 75 %. Puede sonar muy friki, pero funciona. Lo bueno es que puedes verificar tus titulares con la herramienta AMI sin cargo.

Hay que destacar que los titulares positivos y optimistas suscitan una respuesta mucho más receptiva y tienen más probabilidades de ser compartidos. Claro que sí. Seamos positivos.

TRES TIPOLOGÍAS EMOCIONALES

1. PRAGMÁTICA

Palabras especialmente eficaces para ofrecer productos y servicios que requieren un análisis razonado y cuidadoso.

2. EMPÁTICA

Palabras que provocan fuertes reacciones emocionales en los lectores.

3. ESPIRITUAL

Son las palabras que más pueden influir y que a menudo tocan un nivel emocional profundo.

ES PRIMAVERA.

Y SOY CIEGO.

UN EJEMPLO DE VME

Puede que esta sea una historia real, o puede que no. No estoy seguro. Pero sirve para ilustrar algo. Un redactor publicitario vio a un ciego en Regent's Park con un cartel que decía: «Soy ciego. Una limosna, por favor». Para ayudarle a conseguir más dinero, reescribió el cartel de este modo: «Es primavera. Y soy ciego». Eso llevó a los transeúntes a imaginar lo que sería no poder ver la belleza de las flores, los árboles reverdeciendo, los pájaros construyendo sus nidos. Les indujo a empatizar con la persona ciega. Y en consecuencia daban más dinero.

ENTENDER LA PSICOLOGÍA

¿Por qué la gente comparte algo en las redes sociales? Responder no es sencillo porque implica por qué un ser humano hace algo. Buena suerte con eso. Pero el New York Times Customer Insight Group efectuó un estudio fascinante, que reveló que la gente comparte contenido por cinco razones principales:

— Para difundir contenidos valiosos y entretenidos para los demás

— Para definirse a sí mismos ante los demás

— Para crear y cultivar las relaciones

— Para autorrealizarse

— Para ayudar a promocionar marcas que les gustan o causas que apoyan

En definitiva, la gente comparte contenidos porque valora a las personas de las que se rodea y, o bien quiere elevar su propio estatus, o bien trata de ayudar a sus amigos y compañeros a mejorar sus propias vidas.

¿QUÉ HACE QUE UN ASUNTO TENGA GANCHO?

1. Es una promesa emocional.

2. Genera curiosidad. Una necesidad de saber que impulsa a hacer clic.

3. Es relevante para el cliente ideal. Utiliza palabras con las que tu gente se identifica.

4. Apela al interés propio de los lectores. Diles qué beneficio obtienen.

5. Quieren saber quién les habla. Incluye el nombre de la marca.

6. Un titular largo y con significado se impone a uno más corto y sin contenido.

7. Sé positivo. Preferimos soles y arcoíris al pesimismo y la melancolía.

8. El titular no debe ser confuso. Debe ser comprensible.

9. Lanza una pregunta cuya respuesta necesiten saber.

10. Un «¿Cómo se hace?». Nos encanta aprender. Y las infografías también.

11. Da urgencia al titular. Plazo limitado. La oferta termina pronto. El FOMO es real.

12. Comprende la psicología de tus lectores en ese momento de sus vidas.

13. Y por último, cómo no: nos encantan las listas.

CAPÍTULO NUEVE

TESTEA
TESTEA
TESTEA

MÍDELO
MEJÓRALO

Con las *newsletters* puedes hacer todo tipo de pruebas. Tantea qué día de la semana es el mejor para tu comunidad. Experimenta con la hora del día: por la mañana, por la tarde o por la noche. ¿Deberías acortar las *newsletters*? ¿O alargarlas?

¿Más frecuentes quizá? ¿Una vez a la semana? ¿Una vez al mes? ¿Con más fotos? ¿Más ilustraciones? ¿Funcionarían mejor si fueran más divertidas? ¿O más serias? ¿Texto o HTML? ¿Palabras emotivas en el asunto? ¿O uno que plantee una pregunta irresistible?

Sea lo que sea que quieras poner a prueba, habrá una forma de hacerlo. Y poco a poco podrás hacerte una idea bastante precisa de lo que motiva a tu comunidad.

«NO TE DEJES LLEVAR POR LAS APARIENCIAS; CÍÑETE A LAS PRUEBAS. NO HAY MEJOR REGLA.»

CHARLES DICKENS, *GRANDES ESPERANZAS*

TITULARES...
YA SABES QUE SON
LO QUE MÁS HAY QUE
TANTEAR

Ya he mencionado la importancia del titular (el asunto de la *newsletter*). Incluso habiendo trabajado mucho un titular, se puede seguir contrastando. Puedes realizar un test A/B, es decir, una prueba de «o esto o aquello». Experimenta para ver cuál de las dos opciones recibe más clics (puedes establecer los criterios). Envíasela a una pequeña parte de tu comunidad de *newsletters*, y después de cuatro horas (o el plazo que determines) habrá un asunto ganador. Luego envía la *newsletter* a toda la comunidad con el asunto que haya suscitado más interés.

Según MailChimp, en un estudio realizado con doscientos millones de *emails*, la tasa de clics más alta se situó en los asuntos que alcanzaron el «punto ideal» de entre 28 y 39 caracteres. Eso son unas diez palabras. Diez palabras vitales. Diez palabras que pueden hacer crecer tu negocio.

REALIZA UN TEST A/B PARA TODO

Prácticamente todo se puede someter a un test A/B:

— ¿Qué día de la semana obtiene mejores tasas de apertura?
— ¿Funciona mejor un asunto con un incentivo o con un adelanto?
— ¿Incluir el nombre de la empresa en el asunto aumenta la fidelización?
— ¿En el remitente es preferible utilizar tu nombre o el de tu empresa?
— ¿La hora del día en que se envía una campaña afecta a la tasa de clics?
— Es más probable que los seguidores hagan clic en un vínculo desde una imagen o desde un texto?
— ¿En las campañas prefieren los GIF o las imágenes estáticas?

TESTEA TUS INTERESES

Incluso en una pequeña empresa como Hiut Denim Co. hay clientes a los que solo les gusta un producto. Puede que adoren los vaqueros Selvedge japoneses y no les interese un *email* nuestro que publicite los Tech. Así que respeta su tiempo cuidándote de no enviarles algo que seguro que no les atrae. Mejor aún, cuando se registren, intenta averiguar qué tipo de correos prefieren. De ese modo puedes filtrar desde el principio y te ahorrarás probar la segmentación de tu comunidad. Pero si no lo has hecho, entonces tienes que testear.

TESTEA LA PÁGINA DE INICIO

A medida que crece la empresa, tal vez tengas que enviar *newsletters* diferentes a distintos segmentos de tu comunidad. Por ejemplo, un corredor que hace clic en Patagonia puede querer suscribirse a una *newsletter* de *running* y no a una general. En esta etapa, tu sitio web no podrá dar la bienvenida a cada segmento con un mensaje relevante. Por eso tendrás que construir una página de inicio para una campaña o una parte de tu negocio. También puedes realizar test A/B. Puedes averiguar qué diseño funciona mejor, qué palabras resuenan, qué fotos atraen a la gente, qué diseño incita a querer saber más. Claro que todas estas pruebas llevan su tiempo. Pero estás aquí para construir tu negocio, y estos pequeños ajustes pueden marcar la diferencia. Y lo hacen. Lo sé, lo sé, aquí tampoco hay atajos. Una lástima.

«LO QUE
SE PUEDE
MEDIR,
SE PUEDE
GESTIONAR.»

WILLIAM THOMSON, LORD KELVIN

TESTEA UNA COSA POR VEZ

Hace tiempo me pidieron que escribiera el libro de marca de Dyson. Quería conocer a James Dyson, así que acepté. No deja de maravillarme que se pasara cuatro años haciendo solo una repetición cada vez. Para que su aspiradora funcionara realizó 5.127 iteraciones en total. No conozco a nadie con ese nivel de determinación para conseguir que algo funcione. Se merece todo el éxito que tiene. No digo que te pases cuatro años en un cobertizo para sacar tu empresa adelante, pero sí te invito a que hagas las pruebas de una en una. De lo contrario, puedes verte en apuros. Toma notas. Y fórmate poco a poco una idea de lo que mejor te va. Lo que me funciona a mí no tiene por qué funcionarte a ti. Los resultados de otros no valen. Tienes que testear tus datos en tu comunidad. No, aquí tampoco hay atajos que valgan.

CAPÍTULO DIEZ

EL RITUAL DE LA *CHECKLIST*

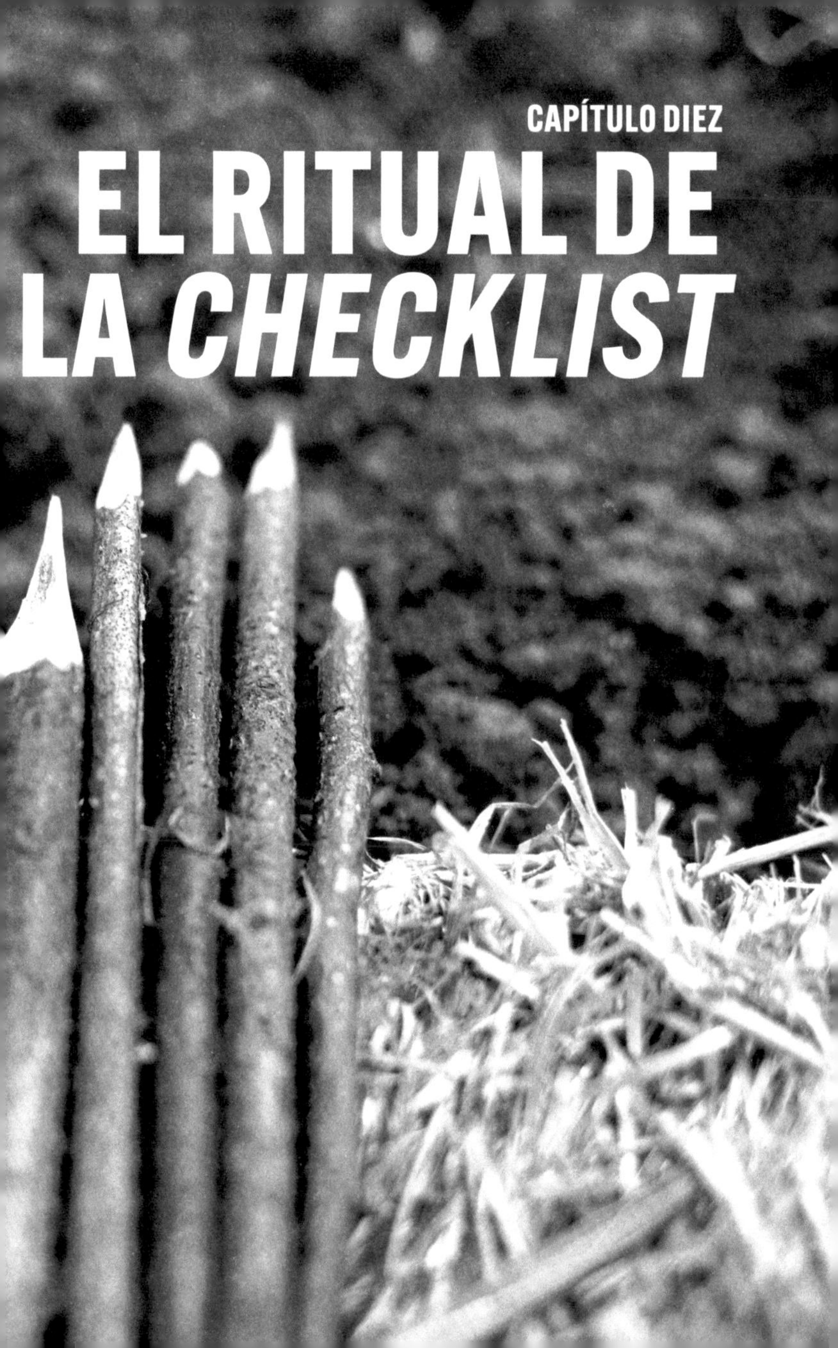

NO ENVIAR HASTA...

Tu *newsletter* debe ajustarse a tus estándares. Hay muchos aspectos que se pueden hacer bien, y es fácil equivocarse en los más sencillos. Pero por mucha prisa que tengas por enviarla, antes de hacerlo revísala. Dos veces. Tres veces.

Aunque cometas un solo fallo se verá miles, cientos de miles de veces, dependiendo del tamaño de tu lista. La semana pasada enviamos un *email* con la palabra *Vogue* mal escrita. Se nos pasó. Puede ocurrir. Pero la mayoría de los errores los detectamos antes de que se propaguen globalmente.

Antes de enviar nada, es imprescindible repasar una *checklist*. Es una disciplina que debes inculcar a tu equipo.

EL RITUAL DE LA *CHECKLIST*

- ☐ **COMPROBAR LAS LICENCIAS DE USO DE FOTOS**
- ☐ **DEPURAR LA LISTA**
- ☐ **IMPRIMIR PARA LEER**
- ☐ **COMPROBAR LA ORTOGRAFÍA**
- ☐ **VERIFICAR EN TODOS LOS DISPOSITIVOS**
- ☐ **COMPROBAR PROVEEDOR DE CORREO ELECTRÓNICO**
- ☐ **ASEGURARSE DE QUE ES LA LISTA CORRECTA**
- ☐ **REVISAR LOS ENLACES**
- ☐ **CONTROLAR LA VELOCIDAD DE CARGA**
- ☐ **ASUNTO REVISADO/PROBADO**
- ☐ **LÍNEA DE TEST ENVIADA**
- ☐ **TEST ENVIADO**
- ☐ **PRE-MORTEM***

* Pregúntate por qué podría fracasar, en lugar de por qué fracasó.

LA HERRAMIENTA MÁS IMPORTANTE CON LA QUE CUENTO PARA CONSTRUIR UNA MARCA MUNDIAL DE VAQUEROS ES LA *NEWSLETTER*. SOLO SUPERADA POR LA MÁQUINA DE COSER

Siempre es de gran ayuda pensar en otra *newsletter* que siempre leas y preguntarte por qué lo sigues haciendo. Algunos de sus elementos deberían estar presentes en la tuya. Estás intentando promover algo que a ti también te guste. Deberías ser tu público más exigente.

La herramienta más importante con la que cuento para construir una marca mundial de vaqueros es la *newsletter*. Solo superada por la máquina de coser. Claro, tienes que invertir tiempo, tienes que esforzarte, pero sobre todo tienes que entender la metodología de lo que estás haciendo. Cuando lo consigas, como espero haberte demostrado aquí, obtendrás los resultados que te propones. Buena suerte.

Te dejo con algunos puntos que he aprendido a base de publicar muchas *newsletters*...

23 SENCILLOS CONSEJOS PARA CREAR UNA *NEWSLETTER* DE ALTO CRECIMIENTO

1. Dedícale más tiempo (¿quién lo iba a decir?).
2. Actúa como un tren. Ten claro adónde vas.
3. Tu mayor competencia es el tiempo de la gente.
4. Visualiza a tu cliente en 360 grados.
5. Aporta valor.
6. Fíjate… pero solo en los mejores.
7. El diseño importa.
8. Un equipo pequeño es un equipo rápido.
9. El trabajo libre de distracciones te ayuda a crecer.
10. Móvil, móvil, móvil.
11. Optimiza la fidelización.
12. Crear es mejor que compartir.
13. Sé el editor.
14. La atención está cambiando.
15. Testea, testea, testea.
16. No redactes el asunto a última hora.
17. Todos los caminos llevan a la suscripción.
18. Utiliza y domina las herramientas que te facilitan la vida.
19. La fidelidad es más importante que el tamaño.
20. Todo el mundo empieza de cero.
21. La constancia genera confianza.
22. Sé humano.
23. Repasa tu *checklist*.

«CREAR UNA LISTA DE CORREO ELECTRÓNICO ES LA MEJOR FORMA DE COMUNICARTE CON TU PÚBLICO. PUNTO. MEJOR QUE FACEBOOK, MEJOR QUE X, MEJOR QUE LOS ANUNCIOS. PORQUE TE PERTENECE. PORQUE ES UNA RELACIÓN DE CONFIANZA MUTUA Y CONSENTIMIENTO. POR ESO NECESITAS UNA.»

RYAN HOLIDAY

RECURSOS

INVESTIGA COMO UN EXPERTO

RECURSOS

Similar Web
Descubre de dónde proviene tu tráfico.
*similarweb.com/corp/lps/similarweb
-traffic-analysis-2/*

Google Trends
¿Qué está buscando tu futuro lector?
trends.google.com/home

Sayit
Escribe una palabra y te mostrará todos los foros de Reddit (subreddits) relacionados.
anvaka.github.io/sayit

Hacker News
Descubre de qué están hablando los expertos en tecnología.
news.ycombinator.com/

LinkedIn Sales Navigator
Es una herramienta de pago, pero con ella definitivamente puedes encontrar a tus potenciales clientes.
*business.linkedin.com/sales-solutions/
sales-navigator*

Postpone
Más herramientas avanzadas para el análisis de subreddits.
postpone.app/analysis

Listas de X (Twitter)
Selecciona algunas cuentas y estúdialas. No necesitas muchas, solo algunas.
help.x.com/en/using-x/x-lists

Estadísticas de Subreddit
Estadísticas detalladas que te ayudarán a entender mejor lo que tus lectores necesitan.
subredditstats.com

***Doing Content Right* de Steph Smith**
Steph es una gran investigadora. Al final de su libro encontrarás su «Gran lista de herramientas» para comenzar y hacer crecer tu propio blog o *newsletter*.

Simple Analytics
Una alternativa a Google Analytics.
simpleanalytics.com

GANCHOS

Herramienta para medir la emoción que transmite un titular
aminstitute.com/headline

HERRAMIENTAS QUE TE FACILITAN LA VIDA

Apple Notes

Es gratis si tienes un iPhone. No subestimes lo buena que es esta aplicación. Es la mejor para tomar notas.

Canva

Te ayudará a crear gráficos, fotos y diseños de manera sencilla. Su facilidad de uso es sorprendente, y la IA lo está haciendo aún más fácil.

ChatGPT

El mejor asistente de investigación que jamás tendrás… hasta mañana, cuando se vuelva aún mejor.

Dropbox

Dropbox es un servicio de almacenamiento en la nube que puedes usar con tu equipo. Es bastante simple y funciona muy bien.

Giphy

Encuentra GIFs increíbles. Haz que tu lector sonría.

Google Trends

Un recurso útil para descubrir las últimas tendencias, datos y visualizaciones de Google. Puedes configurar alertas por correo electrónico sobre temas que te interesen.

Instagram

Instagram sigue siendo importante. Puede ayudarte a hacer crecer tu *newsletter* compartiendo el detrás de escena de su creación.

Klaviyo

Esta es la herramienta que usamos ahora para enviar nuestros correos. Es más potente que Mailchimp, pero igual de fácil de usar.

Mailchimp

El servicio que usamos al inicio para enviar nuestras *newsletters*. Es súper simple y fácil de usar. Es la plataforma #1 de marketing por correo electrónico y automatización.

RightMessage

Personaliza tu *newsletter*. Esta herramienta te ayudará a segmentar a tu audiencia desde el principio.

SenderScore de Validity

Hace exactamente lo que promete: puntúa tu reputación de 0 a 100. Cuanto mayor sea la puntuación, mejor será tu reputación.

Trello

Trello es una herramienta fantástica para que un equipo lleve el control de lo que hay que hacer, lo que ya está hecho y quién lo ha realizado. Te ofrece una perspectiva clara de en qué punto te encuentras con cada tarea. Piensa en ella como la herramienta definitiva de gestión de proyectos.

Unsplash

Imágenes y fotos gratuitas que puedes descargar y usar en tu *newsletter*.

WeTransfer

WeTransfer es un servicio de transferencia de archivos en la nube con sede en Ámsterdam, diseñado para enviar archivos pequeños y grandes. Los usuarios pueden enviar archivos de hasta 2 GB en la versión gratuita.

Encuestas de X (Twitter)

Las encuestas de X te permiten crear tu propia encuesta fácilmente y ver los resultados en 24 horas. Es una gran herramienta de investigación.

SOBRE EL AUTOR

David Hieatt no es un teórico. Ha creado marcas de la nada, con casi nada, solo entendiendo algunas reglas básicas. La *newsletter* «Scrapbook Chronicles» de su empresa Hiut Denim Co. se ha convertido en una publicación de culto. Su tasa de apertura supera casi cualquier estándar del sector y es una de las pocas que la gente desea recibir. Y no solo eso, le ha dado resultados. La empresa ha crecido un 25 % cada año durante los últimos tres. Y cada uno de ellos ha obtenido beneficios. David es también cofundador de las Do Lectures —un encuentro anual en torno a las ideas— y ha impartido conferencias en Apple, Google y Red Bull, entre otros. Es autor de *Propósito: Por qué a las marcas con un propósito les va mejor e importan más* (publicado en español en 2022) y *The Path of a Doer* (2010, reeditado en 2020). También imparte talleres y cursos en línea con Do Lectures, basados en las ideas de *Propósito* y *Newsletters*.

SOBRE EL ILUSTRADOR

Tom Fishburne empezó a publicar sus viñetas en 2002 en una sencilla *newsletter* semanal por correo electrónico, cuando trabajaba en marketing. Ahora cientos de miles de profesionales del marketing leen sus viñetas cada semana. En 2008 asistió al primer evento de Do Lectures, que le inspiró para tratar de convertir su afición a las viñetas en un medio de vida. En 2010 dejó su trabajo para montar un negocio con su mujer, que le ayuda a contar historias de marketing con dibujos animados. Su estudio Marketoonist suma ya varios dibujantes, y trabaja con Google, LinkedIn, Kronos y muchas otras marcas. En 2011, Tom volvió a las Do Lectures, esta vez como conferenciante. Su *newsletter* semanal por correo electrónico sigue siendo su principal forma de compartir viñetas con su público y hacer crecer el negocio. Puedes encontrarlas en: marketoonist.com

Libros en esta colección

Pausa
Robert Poynton

Storytelling
Bobette Buster

Diseña
Alan Moore

Respira
Michael Townsend Williams

Tierra
Tamsin Omond

Vuela
Gavin Strange

Propósito
David Hieatt

Construye valor
Alan Moore

Camina
Libby DeLana

Improvisa
Robert Poynton

Encuentra tu voz
Mark Shayler

Emprender
Dan Kieran

Newsletters
David Hieatt